DISCOURS.

DISCOURS

SUR LA QUESTION

DES PROGRÈS DE LA CIVILISATION,

OU DES FORCES PROGRESSIVES

DE L'OPINION ET DES IDÉES EN FRANCE,

L'AN 1830,

AVEC DES CONSIDÉRATIONS SUR LA VARIATION DES PROBABILITÉS DE LA DURÉE DE LA VIE, ET DES RAPPORTS NUMÉRIQUES DES DIFFÉRENS AGES QUI COMPOSENT LA POPULATION, ET SUR L'UTILITÉ D'UNE STATISTIQUE DE CES RAPPORTS;

Prononcé à la séance de l'Académie Royale des Sciences, Belles-Lettres et Arts, de Lyon, le 30 mars 1830;

PAR UN CORRESPONDANT DE CETTE ACADÉMIE.

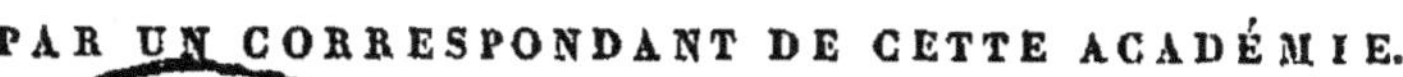

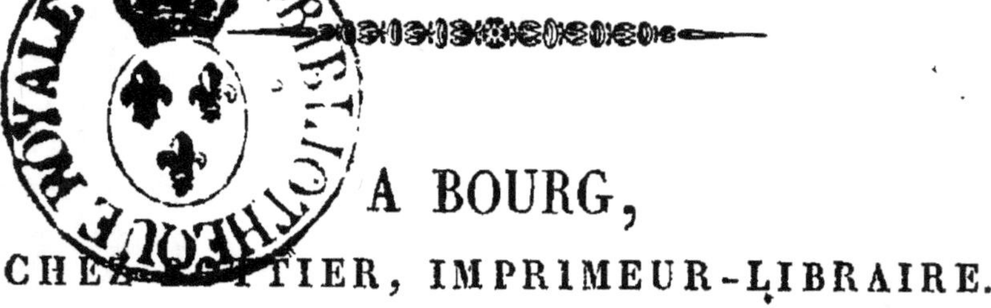

A BOURG,

CHEZ BOTTIER, IMPRIMEUR-LIBRAIRE.

A PARIS,

CHEZ TOURNEUX, LIBRAIRE,

QUAI DES AUGUSTINS, N. 15.

M DCCC XXX.

AVANT-PROPOS.

Honneur à notre époque! espérance pour l'avenir! le siècle sera beau : telles sont les inspirations actuelles. La société en France et dans l'Europe est en progrès de raison et de prospérité : les chances de nos destinées prochaines et futures sont rassurantes.

Cependant la physionomie morale des nations varie incessamment ; elle passe comme celle des individus par les degrés successifs de l'enfance, de l'adolescence, de la maturité et de la décadence, pour recommencer un pareil cercle de variations: tel est aussi le sort de l'humanité tout entière, car il fut celui des peuples qui ont figuré en tête de la civilisation : voilà ce que nous savons de plus certain sur le passé, et comment en serait-il autrement de l'avenir?

Cette variation qui caractérise la nature de l'homme individuel, se répand sur toute l'espèce. La perfectibilité a toujours été plus occupée de recommencer son ouvrage que de le continuer; elle n'a fait jusqu'ici que tourner en quelque sorte autour d'un cercle de transformations, c'est-à-dire croître, produire et décroître, puis reparaître avec un air de jeunesse et des traits de famille. Des hommes nouveaux surviennent sans cesse, les générations passent, leur ouvrage tombe à la merci des générations nouvelles. Des idées dominantes qui occupent le siècle gagnent ou perdent les majorités, suivant des circonstances qui sont à déterminer: *hoc opus, hic labor.*

Etudions les cinq derniers siècles qui nous ont précédés, nous verrons une époque où tout a été renouvelé parmi les idées, dans l'espace d'un demi siècle, au milieu des plus graves désordres et des plus affligeantes calamités. Examinons l'état de la population à l'époque de cette crise, nous y apercevrons les causes d'une extrême variabilité dans les idées, en ce que les générations nouvelles se succédèrent très-rapidement par des événemens propres à cette époque.

Le caractère le plus essentiel à considérer dans l'état de la population est donc la proportion numérique des différens âges qui la composent, et la variation de ce rapport. Ainsi, pour déterminer le degré et la tendance de l'influence que les générations nouvelles peuvent actuellement exercer sur l'état de la societé, il faut représenter la proportion du nombre que la génération nouvelle arrivant aux affaires, verse dans la sphère d'activité : c'est réduire le problème à une question de statistique, à un recensement de la population détaillé par âges. Mais il faut rechercher les mouvemens de cette statistique depuis plusieurs siècles, afin de reconnaître comment ses variations coïncident avec celles de la perfectibilité: alors on découvrira plusieurs phénomènes restés inaperçus dans les élémens et le principe de la population, et qui sont des causes secrètes des plus grands événemens politiques. Quoique la statistique nous manque pour les siècles précédens, on y a suppléé par plusieurs recherches, et l'on devra par la suite compléter et continuer ces documens : mais, dans leur état actuel, ils présentent déjà de grandes et utiles leçons.

DISCOURS.

« *Quelle est l'influence exercée sur le per-*
« *fectionnement moral d'une nation par*
« *son renouvellement naturel, c'est-à-dire*
« *par la survenance continue des géné-*
« *rations successives ?* »

Cette question philosophique a été indiquée [1]
dans la critique d'une brochure qui a produit, au
sujet des élections à venir des députés des départemens, une impression soudaine et spécieuse, en ce
qu'elle semblait lever tous les doutes par de simples
calculs.

Dans les termes où je la prends, la question aurait
pu être un préliminaire de la *Situation des forces
progressives de la France* [2] ; préliminaire peut-être
indispensable, comme il importe de connaître les
mutations par lesquelles doit passer l'être qui devient
papillon, si l'on veut savoir d'avance ce que chacune
de ses phases annonce pour l'avenir.

[1] Revue française, juillet 1828.
[2] Par M. le baron Charles Dupin, 1827.

1

La question de l'influence des générations succes-sives est encore inusitée; elle était restée dans le même vague et couverte du même voile que celle de la perfectibilité de l'espèce humaine : cependant elle peut s'appuyer sur des faits et des nombres ; mais ce qu'elle exige surtout, c'est que les rôles remplis par les différens âges qui doivent y figurer soient fidèlement représentés, tels qu'ils se comportent dans le grand et perpétuel drame de l'humanité.

En passant sur cette scène, si je trouve les esprits préoccupés par des inductions différentes des miennes, je devrai nécessairement entrer en pourparler avec ces idées antérieures ; heureux si, avec les mêmes désirs et les mêmes vœux que l'auteur de la *Situation progressive*, je puis balancer par d'autres aperçus les objections que l'on a opposées aux élémens de son arithmétique politique, et arriver plus direc-tement à un but analogue par une voie plus large.

La vie, en remplissant les vides que fait la mort, amène sans cesse, en présence des idées qui se dis-putent le monde, des générations nouvelles dont l'activité surabondante trouve à peine son emploi dans l'ordre établi : pleines de force, de courage et de passions, les voilà qui se précipitent toutes suc-cessivement vers l'arbre de vie et de mort ; vers cet arbre qui porte divers fruits appropriés aux différens âges, et d'une saveur bien différente pour chacun d'eux. Voyez défiler les générations sur les diverses arènes qui leur sont limitées dans une oasis de l'u-nivers ; elles parcourent des voies circulaires de rayons différens, inclinées au-dessus d'un abîme. Chacune des nations de cette oasis de peu d'espace que nous nommons le globe, suit un des cercles, ou bien s'élève dans la circonvolution d'une spirale, de cercle en cercle, jusqu'à des limites où elles trouvent l'entrée d'autres spirales en sens inverse, qui redescendent vers les cercles inférieurs, et sont pratiquées par des peuples dont la civilisation s'altère, dont les gouvernemens se corrompent, parce que la population dégénère. Des milliers de ces innombrables pélerins dans les différens degrés, meurent à chaque minute; d'autres naissent pour mourir à leur tour; chacune des générations ne voit qu'une partie de la route, et ne fait guère qu'un campement.

En tête de ces colonnes mouvantes sont les hommes les plus anciens; leur marche lente et circonspecte donne le temps à tous les autres, jusqu'aux plus reculés, de suivre sans interruption à travers les embarras du cortège. Parmi les premiers, quelques-uns s'asseyent sur les ruines des ouvrages que construisirent leurs devanciers là où ils s'arrêtèrent; d'autres les évitent comme des obstacles, et tous n'allongent que fort peu le rayon du cercle : ils sont fatigués et désespèrent d'atteindre un cercle supérieur, ou de s'y trouver plus heureux. La mort ouvre sans cesse leurs rangs aux générations nouvelles qui, après quelques aberrations, reviennent en hâte dans les voies praticables et usuelles de la vie réelle, où elles cherchent à leur tour à étendre le rayon de l'orbite. Cinquante générations s'épuisent ainsi avant qu'un contour entier soit parcouru et orné, de distance en distance, de quelques institutions humaines que le temps bat incessamment en ruines. A la fin d'un contour, c'est à recommencer et à rentrer dans une circonvolution qui n'est jamais la même, mais qui diffère peu de la précédente : l'humanité tout entière se retrouve occuper des positions peu éloignées de celles d'où elle était partie en commençant l'orbite qu'elle vient d'achever. D'anciennes idées présentent l'attrait de la nouveauté, parce que l'expérience qu'on en avait faite est perdue ou n'a laissé que de vagues souvenirs. La forme même des choses religieuses, les conceptions qui célèbrent les rapports de l'homme avec la divinité sont sujettes à ces vicissitudes : combien plus encore doivent être changeantes les formes des institutions purement civiles ou politiques !

Ces variations sont sans doute amenées par les mutations des générations successives ; car si la société ne se renouvelait pas matériellement, elle ne pourrait changer moralement : si les hommes devenaient tout d'un coup immortels, ils seraient ensuite en tout temps les mêmes ; et, par conséquent, leurs vues et leurs idées dans la société se maintiendraient par la force de l'habitude et par la fixité d'opinions ou de principes arrêtés. Nous trouvons une faible image de cette persistance dans la sphère des préjugés, qui la plupart dérivent peut-être de la tendance de l'homme à l'immortalité, dont le sentiment lui est inné. Mais tout préjugé fait obstacle aux progrès : aussi, pour le dire en passant, n'espérez point voir produire une lueur nouvelle par quiconque prend pour son titre de créance qu'il est *ancien élève* d'une école exclusive : la concurrence des écoles est aussi nécessaire que la rénovation des générations pour le progrès des idées.

Mais s'agit-il, comme on l'a dit dans la *Situation progressive*, de faire prévaloir un système déterminé sur un autre? ou plutôt d'augmenter une majorité déjà établie par une ou plusieurs générations? Vous comptez sur une génération nouvelle comme si elle devait être tout entière en votre faveur : mais considérez que ce n'est point par sa nouveauté que cette génération peut vous être favorable : sa nouveauté vous serait plutôt contraire par le désir vague d'innovation qui est dans son essence. Nous soutenons un état de choses constitué pour balancer tous les intérêts et pour les diriger ensemble dans le sens de l'intérêt national en masse; on y travaille depuis 40 ans, et surtout, depuis la restauration, avec des succès plusieurs fois interrompus, mais qui ne sont plus douteux : la génération nouvelle y travaillera à son tour; mais le fera-t-elle avec plus de zèle, d'ardeur et d'unité que celle qui la devance et qui n'a jamais été surpassée par aucune que l'histoire nous fasse connaître, non-seulement dans les prodigieux efforts qu'elle eut à improviser, mais encore dans l'ensemble compacte avec lequel elle lutta contre toutes les coalitions étrangères qui lui furent opposées? L'Europe, dans ses divers essais d'intervention, n'aboutit alors qu'à subir, en quelque sorte, l'influence qu'elle voulait combattre; et, à la fin, la coalition plus puissante de 1813 et 1814 respecta la génération des hommes vieux jusques dans leur possession de l'extension de territoire qui était leur conquête. Provoquée de nouveau, en 1815, la même coalition exerça sur la France un droit de vengeance en lui ôtant ses conquêtes matérielles ; elle coupa même quelques fragmens au vieux corps : mais quant à ses conquêtes morales, aux institutions déjà consolidées dans l'opinion, si elle eut la pensée de les attaquer, elle ne l'avoua ni ne l'entreprit ostensiblement; qui oserait donc l'entreprendre ? La Sainte-Alliance a promené depuis lors la répression sur d'autres peuples auxquels manquaient nos titres et nos vieux hommes. Et c'est cette génération âgée dont vous calculez l'extinction ! elle qui a rendu populaire et universelle la conviction et la foi politique qu'elle apporte en héritage à la génération nouvelle ! La haute renommée de sa gloire est encore toute retentissante; il y aurait de l'ingratitude à la renier. Ce serait aussi une grande erreur de dire que le système de gouvernement que nous possédons a naturellement pour adversaires les hommes *vieux*, et de compter davantage pour ses soutiens les hommes *jeunes ;* comme si les premiers n'étaient pas les vieux amis, les fondateurs de cet ordre de choses et d'idées sur lequel s'établit la force progressive de la France et de l'humanité. Cette cause, si elle est sainte et juste, n'aurait-elle pour organe que la jeunesse, c'est-à-dire la passion et l'inexpérience ? sont-ce là des gages de sagesse, des élémens de stabilité ? si tout en dépendait, les ennemis de l'ordre établi pourraient nourrir de grandes espérances de le renverser, car rien de ce qui prend son appui sur la force et la passion n'est durable. L'influence morale de l'âge fut honorée par une préséance publique chez les anciens ; elle est de tous les temps : toujours les hommes vieux seront des protecteurs et des guides nécessaires aux hommes jeunes. Et ne voit-on pas à quels souvenirs et à quelles personnes se rattachent les manifestations de la reconnaissance des deux mondes ? c'est à l'homme qui est le symbole vivant des hommes vieux, de cette génération qui a rempli les deux mondes de ses travaux et d'une gloire acquise dans la défense de son pays et dans la mise en œuvre des institutions que la progression des siècles lui amenait et qui ont surgi du chaos des réactions. Le souverain éclairé et magnanime qui a consacré dans la *Charte* les droits acquis par les hommes de son temps n'était-il pas de ces hommes vieux dont le plus grand nombre est déjà descendu dans la tombe ? et croyez-vous que les hommes jeunes de l'empire eussent pu revendiquer cette concession si ce n'eût été comme leur héritage ? Rendons grâce au ciel de ce que celui qui règne actuellement sur nous est encore de ces hommes vieux qui ont pour eux l'expérience : prions pour la durée de son règne.

Les idées des institutions que nous possédons nou étaient déjà léguées par les générations précédentes ;

aucune idée n'appartient tout entière à une seule génération ; aucune conception ne sort toute développée d'un cerveau ; le temps et l'expérience sont les vrais promoteurs des progrès ; et il est heureux qu'il ne soit pas donné à la durée d'une génération d'imposer par elle seule un système d'idées quelconques, ce qui aurait exposé bien davantage l'ordre établi à des troubles fréquens et à des secousses renaissantes.

Essayons pourtant de définir la puissance de chaque génération nouvelle : quel degré d'influence morale peut-elle exercer ? son action ne se développe qu'au fur et à mesure qu'elle entre dans les affaires ; c'est donc lui faire une large part que de la compter suivant la proportion du nombre qu'elle verse dans la population active : la question peut ainsi se ramener à compter les nombres dont se composent les diverses générations qui occupent à la fois les espaces de la vie. Cependant on se tromperait, sans doute, en isolant les hommes jeunes d'avec les hommes vieux en deux camps opposés, comme si c'étaient deux races ou deux peuples distincts, et comme s'il n'y avait aucune transmission d'idées, aucun amalgame de pensées entr'eux. Les hommes actuellement jeunes parviendront à des âges plus ou moins avancés, suivant que Dieu leur prêtera vie, et ils prendront successivement les allures de ces divers âges ; leur raison s'éclairera de plus en plus en passant des idées comtemplatives aux choses pratiques et usuelles ; ils resteront attachés à celles des institutions qu'ils croiront les meilleures ; chacun les jugera du point de vue de sa position sociale ; cependant le plus grand nombre les appréciera suivant les principes d'équité qui sont dans la conscience de tous : c'est ainsi que se forment avec le temps les opinions imposantes, les puissantes majorités ; et, lorsqu'elles sont fortement constituées, s'il arrivait que les hommes jeunes et vieux de cette époque fussent doués d'une longévité sensiblement plus grande que celle qui avait lieu dans les siècles précédens, on conçoit que la persévérance de telles opinions serait aussi indéfiniment plus grande que ce qui se passait dans des temps où les âges se succédaient plus rapidement, où la vie *moyenne* était plus courte, parce que l'on arrivait plus rarement à l'âge d'homme. Or, s'il est vraisemblable que la durée moyenne de la vie ait varié de cette manière dans le cours des siècles, et qu'elle varie encore, le caractère de durée qu'elle impose aux œuvres de son temps doit varier aussi. En effet, les variations dans la vie moyenne modifient singulièrement les rapports des nombres de la population dans les différens âges ; elles font varier, par conséquent, le degré d'influence des générations nouvelles, c'est-à-dire l'intensité de leur tendance au changement dans toutes les formes dont se revêt la civilisation. L'effet de cette tendance varie suivant qu'elle est plus ou moins contenue ou balancée par les âges supérieurs contemporains. L'homme parvenu à l'âge de maturité est essentiellement conservateur, on le sait; mais il faut remarquer de plus que si les individus s'éteignent, les classes des hommes mûrs ne s'éteignent pas; elles se recrutent sans cesse de nouveaux individus : or, les nouveaux s'amalgament aux anciens et y prennent plus facilement l'esprit de corps s'ils sont en minorité; mais, au contraire, s'ils sont en majorité numérique ils tendent à introduire un nouvel esprit, et ils le font, dès qu'ils le peuvent, par leur nombre : c'est là que se trouve, dans la question qui nous occupe, un point de vue tout nouveau où l'on découvre que *le degré d'influence morale d'une génération nouvelle est variable suivant les proportions numériques des âges dont se compose la population.* Il importe donc de savoir si, durant une période de temps donnée, la masse des hommes de la maturité perd moins par la mort qu'elle ne reçoit d'élémens nouveaux par la vie nouvelle ; ou plutôt si le nombre des hommes de la maturité est toujours prédominant sur celui des âges inférieurs qui prennent part avec eux aux affaires et aux systèmes du temps.

Voilà comment la question que j'ai posée va se résumer en celle de *la vie moyenne*, question qui elle-même se résout par les tables de population des différens âges.

On sait que le nombre des décès annuels est actuellement inférieur à celui des naissances dans toute l'Europe : il a fallu plusieurs siècles pour remarquer et constater la persévérance de cette augmentation de la population, qui remonte à un temps à déterminer. Il n'y a guères plus de 80 ans que l'auteur de l'Esprit des Lois, préoccupé lui-même de la diminution que la population avait éprouvée sur la fin du moyen âge, surtout entre le 14e. et le 15e. siècle, et la voyant de son temps encore inférieure à ce qu'elle fut depuis Charlemagne jusqu'aux Croisades, le président Montesquieu ne remarquait pas encore le retour de son mouvement d'augmentation. Le même doute régna encore, après cet auteur, pendant quelques années; il se répandit même une sorte d'alarme à ce sujet dans quelques pays, et entr'autres en Suisse [1]. « En 1766, les mémoires de » la Société économique de Berne furent remplis » d'écrits où l'on déplorait la décadence de l'indus- » trie, des arts, de l'agriculture, des manufactures; » et où l'on annonçait le danger imminent de manquer » de bras. La plupart des auteurs de ces écrits en- » visageaient la dépopulation dont ils gémissaient » comme un fait si évident, qu'il n'avait besoin » d'aucune preuve; et ils s'occupaient surtout à cher- » cher des moyens d'encourager la population [2]. » Cette opinion pouvait venir d'une comparaison avec des siècles déjà éloignés; elle pouvait s'appuyer aussi sur des pertes dont il restait des témoins. Les

---

[1] Essai sur le principe de population, par Malthus.

[2] Tels que de fonder des hôpitaux d'enfans-trouvés, de doter de jeunes filles, d'arrêter l'émigration, etc. : tous moyens bien faibles en comparaison de celui de la nature, qui se manifeste si hautement dans une tendance universelle à la reproduction, sans qu'elle ait jamais besoin d'être excitée.

hommes âgés avaient encore l'esprit frappé des ravages de la peste de 1709 à 1710 qui, dans quelques contrées d'Europe, avait enlevé un tiers de la population, et de la peste de Marseille de 1720, et des années d'épidémies de 1736 et 1737 qui avaient produit une mortalité plus que double des années ordinaires [1].

Cependant, à défaut de statistique et de recensement de la population on fit des recherches sur les registres publics de la vie naissante et de la mort.

M. Malthus cite entre les mémoires qui parurent vers l'an 1766 celui de M. Muret, ministre du culte à Vevey, dont les documens remontent jusqu'en 1550 et se continuent jusqu'en 1760 : divisant ce laps de 210 années en trois périodes de 70 ans chacune, l'auteur trouvait de l'une à l'autre une diminution du nombre des naissances. A s'en tenir à ce premier indice, et même à celui d'une diminution dans la fécondité des mariages, l'auteur en concluait, sans hésiter, une diminution correspondante dans la population : il se trompait pourtant, car il y avait à remarquer dans ses documens que la mortalité diminuait dans le même temps dans une proportion plus forte, et que le nombre des enfans qui at-

---

1 M. Muret reconnaît que la précédente dépopulation du pays doit être attribuée aux pestes qui l'ont désolé, et dont il donne une liste qui ne commence qu'à l'an 1550 : les deux siècles précédens en auraient offert de bien plus funestes et plus nombreuses ; et, comme il le remarque, ce fléau devint par la suite moins fréquent.

teignaient soit la puberté, soit les âges supérieurs,
était devenu plus considérable, de période en période : or, du moment qu'il y a excédant des naissances sur les décès il y a progression de la population ; et si à l'époque de 1766 l'état de la population ne paraissait pas satisfaisant, on ne s'en
plaindrait pas aujourd'hui que l'on craint déjà un
excès contraire dans un prochain avenir. L'opinion
de l'infériorité des temps modernes, en population,
était encore un préjugé si répandu à la fin du siècle
dernier, que dans l'analyse des procès-verbaux des
conseils-généraux des départemens de la France pour
l'an VIII, (l'an 1800), sur 69 départemens où l'on
fait mention de la population il en est 16 seulement
qui reconnaissent l'augmentation, 42 croient à une
diminution, 11 la tiennent pour stationnaire. La progression se continuait déjà depuis plus de deux
siècles que l'on ne s'en apercevait pas nettement ;
c'est que ce laps de temps n'avait pas encore suffi
pour remplir les vides qui remontaient plus haut : je
veux dire que pendant deux siècles avant l'an 1550
la population avait été tellement réduite par des
mortalités extraordinaires qu'elle n'était pas encore
revenue, en 1766, au niveau des besoins d'une industrie croissante : on avait perdu de vue l'abaissement que la population avait éprouvé dans les
siècles calamiteux ; c'est le propre d'une population
annulée de ne pas laisser de monumens de son
existence : ces siècles ne sont pas éloignés de nous,
et ce sont ceux que l'on connaît le moins.

La progression est maintenant si rapidement croissante qu'on peut prévoir que dans un siècle la population sera double de ce qu'elle est. Jetons un
coup-d'œil en arrière sur cette progression qui, depuis
son retour dans la période ascendante, a presque
doublé de siècle en siècle; nous pourrons conclure
qu'elle a passé par les états successifs ci-après :

ÉTAT DE LA VARIATION DE LA POPULATION.

Epoques.	en Europe.	dans la France actuelle.	en Angleterre, pays de Galles, et Ecosse.	en Irlande.
l'an	millions.	millions.		
1830	225	32	16,000,000	8,000,000
1821		30	14,391,000	6,801,000
1814		29		5,937,000
1811			12,596,000	
1805				5,395,000
1801	200	28	10,942,000	
1785			»	2,845,000
1700	100	18	7,000,000	1,034,000
1600	60	12	5,000,000	»
1500	40	8	3,000,000	»
1400	25 ou 30	5	2,000,000	»

Ainsi, il est vraisemblable qu'en l'an 1400 la population de toute l'Europe ensemble égalait à peine
celle que la France seule a possédée quatre siècles
plus tard : en effet, toutes les inductions que l'on
pourra tirer de l'histoire viendront à l'appui de ce
calcul, si l'on considère le petit nombre d'hommes

dont furent composées les forces militaires des différentes puissances de l'Europe au 15e siècle, en les
comparant aux immenses développemens qu'elles
avaient montrés quatre siècles auparavant, dans les
croisades; et en suivant leur retour à une augmentation progressive depuis notre roi Charles VII (l'an
1445) jusqu'à nos jours où cette progression de mi-
lice ne s'arrête pas. Ce n'est pas uniquement par système que le sort de la guerre est maintenant confié
à de *grandes armées ;* c'est par la facilité avec laquelle la population croissante les fournit. On met en
campagne un million d'hommes avec moins de peine
que n'en avait le connétable Duguesclin à rassembler
cinq cents hommes d'armes pour guerroyer contre les
Anglais, dont l'armée réduite à cinq mille hommes oc-
cupait la moitié de la France, et qui, après s'y être
maintenus pendant trois siècles, ne l'ont évacuée qu'à
défaut de pouvoir y entretenir ce petit nombre d'hommes que leur île dépeuplée ne trouvait plus à fournir.

Quelle est la cause de la progression actuelle ? on
vous dira parmi quelques hommes que l'accroissement de la population est dû aux progrès des lumières
et de la civilisation, et de l'industrie : il serait plus
vrai en retournant la phrase de dire que tous les
progrès de la civilisation sont une suite de ceux de
la population : en effet, le désert ne fut jamais civi-
lisé; et avant de donner une forme quelconque à la
population, il faut que celle-ci soit sur pied. C'est
elle qui vous a produits à l'état où vous êtes, et sans
elle vous ne pouvez que prêcher dans le désert. Or

la population dépend des moyens d'existence qui sont des produits de la terre, et qui dépendent de leur côté de l'opportunité des saisons. Il y a des années calamiteuses pour les produits de la terre; on sait quelle désolation elles portent dans la population : les disettes sont toujours suivies d'épidémies provenant de l'irrégularité du régime troublé par la faim, et mal pourvu par de mauvais alimens dont l'insuffisance est suppléée par des choses inusitées dans la nutrition, et délétères. Les maux d'une saison se réparent bientôt, il est vrai; mais si de pareilles saisons viennent à se répéter, les générations s'épuisent; il n'y a plus de ressources pour les soutenir, le mal est au-dessus de leur puissance. Or il est certain que divers siècles ont été en proie à des intempéries si fréquentes que l'espèce humaine sembla près d'y succomber. Le 14e siècle en fut le dernier exemple en Europe; les premiers siècles de l'ère chrétienne jusqu'au 5e en furent d'autres, qui se manifestèrent par les invasions des multitudes de peuples que des fléaux du ciel chassaient du *nord-est*. Le siècle de Moïse fut une autre de ces funestes périodes, les traditions de l'Égypte, de la Grèce et de l'Europe sur ces fléaux ne sont pas douteuses, quoiqu'elles aient traversé cent générations pour parvenir jusqu'à nous; elles sont unanimes. Des monumens de l'histoire de ces pays remontent jusques-là; ceux des temps antérieurs sont perdus; cette époque qui a presque éteint le passé, et interrompu sa liaison avec les temps qui ont suivi, a dû être une des grandes épreuves qu'ait subies l'existence de la race humaine; aussi ne reste-t-il des ouvrages des hommes dans ces temps perdus pour l'histoire que quelques débris de ce qui fut gigantesque comme les murs Cyclopéens en Italie et en Grèce, et comme les temples de l'Inde et les palais de la haute Égypte, dont les vestiges interrompent le nivellement du sable du désert qui les recouvre.

Tels ont été, à de grands intervalles, et tels seront encore des siècles plus ou moins funestes qui exténuent la population, et avec elle toutes ses formes perfectionnées ou non : une renaissance complète se fait ensuite dans les mœurs, dans les idées, dans les institutions, et jusque dans les idiomes du langage : toutes ces choses reparaissent sous de nouvelles formes, parce que la population renaissante se trouve composée presque toute d'élémens nouveaux. Les premières classes de la société ont été presque effacées dans les troubles civils qu'une longue suite de désastres amène nécessairement; toutes les distinctions ont perdu leur lustre, les traditions qui gouvernaient l'esprit des siècles précédens sont interrompues. C'est alors que les hommes vieux sont en minorité impuissante, et que les hommes jeunes, maîtres du terrain de la vie, ont tout à y changer, parce que tout a péri, la civilisation comme le reste.

Voilà le tableau de la fin du moyen âge : sa crise de destruction et de transition a duré plus d'un siècle; ses commotions se sont fait sentir encore jusqu'à nous qui en sommes éloignés de quatre siècles. Les premières suites furent des guerres civiles à outrance, la *jacquerie* en France, puis la faction des Armagnacs et des Bourguignons, les révolutions d'Angleterre, une sorte d'extinction du clergé, les schismes dans l'église, la réformation et les guerres de religion, notre guerre du bien public, les révoltes des Flamands et des Suisses, etc.

Cependant l'agitation des esprits et la tendance aux innovations produisirent plusieurs grandes découvertes qui ont redonné aux peuples modernes la supériorité qu'ils avaient perdue depuis quinze siècles sur les anciens : on se hasarda en pleine mer, on découvrit à l'occident un monde que l'on appéla Nouveau, et qui avait été connu et fréquenté dix-huit siècles auparavant par les Carthaginois et les Phéniciens, à en juger par plusieurs ruines, et notamment par celles de l'ancienne et grande ville de Palanquè, qu'on a retrouvées dans d'épaisses forêts près du Mexique. A la même époque du 15ᵉ siècle, d'autres navigateurs aussi entreprenans et aussi heureux, se dirigeant à l'orient, pratiquèrent une nouvelle route au sud de l'Afrique pour arriver, par mer, dans l'Inde. L'usage de la poudre à canon et de l'imprimerie, choses depuis long-temps connues des Chinois, aussi-bien que la boussole, l'expulsion des Maures hors du continent, signalèrent en même temps l'apparition rapide et comme soudaine de forces nouvelles dans les nations d'Europe : l'imprimerie décida la renaissance des lettres : ses commencemens appartiennent à Mayence, vers l'an 1435, et à Strasbourg. L'invention des jeux de cartes est, dit-on, de la même époque, et mérite d'appartenir aux âges adolescens. Les jeux floraux de Toulouse sont du même âge; ils commencèrent vers l'an 1356, sous le titre de *Collége du gai savoir*. En 1412, furent joués à Metz les premiers mystères, berceau d'un nouvel art dramatique.

En 1486, une société littéraire paraît à Rouen sous le titre de l'*Immaculée Conception*.

D'autres se formèrent en petit nombre dans le siècle suivant, telles que celles de Caen, de Lille, de Douai. Enfin l'Académie française à Paris, en 1635, donna un plus grand exemple qui se communiqua peu à peu aux principales villes de France dans le cours des 17ᵉ et 18ᵉ siècles.

Maintenant, chacun de nos départemens compte plusieurs sociétés littéraires et scientifiques adonnées surtout aux progrès des arts utiles : voilà comment les siècles sont devenus plus sérieux et plus studieux.

L'humanité avait déjà été en progrès en Europe, sans doute plusieurs fois, et même encore depuis Charlemagne jusqu'aux croisades qui furent l'apogée du moyen âge; mais chaque fois le mouvement recula ensuite, comme il arriva de nouveau dès la fin du 13ᵉ siècle jusque vers la fin du 14ᵉ, entre les règnes de nos rois saint Louis et Charles VII. Ce fut vers l'an 1400 que l'instruction diminua au dernier point en Europe. On ne peut point assigner d'autre cause de ces interruptions qui tendaient à l'anéantissement de la civilisation, que la diminution ra-

pïde de la population, par une longue série d'ef-
froyables pestes et de famines, suites inévitables des
fréquentes intempéries qui affligèrent toute l'Europe,
et dont le récit plaintif est un des caractères de plusieurs annales du temps; entr'autres la peste de
1348 et 1349 si vivement décrite au 1er. chap. du
Décaméron, détruisit la moitié de ce qui restait de
population en Europe, et surtout dans les villes :
les rois se hâtaient de quitter leurs capitales, les
princes, les seigneurs, les gens de guerre s'en éloi-
gnaient en foule; les vivans pouvaient à peine suffire
à ensevelir les morts.

La poésie quelque peu licencieuse de Boccace qui
fut contemporain, est un reflet du relâchement des
mœurs, par suite de la dissolution dans laquelle
tombait la société par les ravages de la mort. La
disette était si grande que le prix du blé s'élevait à
plus de dix fois le prix ordinaire, et cet état de choses
dura un siècle. C'est alors que les moines mendians
furent récompensés de leur zèle auprès des malades,
par les testamens des mourans qui croyaient assister
à la fin du monde : *Adventante vespere mundi.*

Ces récits nous glaceraient encore d'effroi, si
ce n'était que nous attribuons modestement aux
progrès de notre esprit l'abondance actuelle de
nos récoltes : il s'est même élevé une voix, dit-
on, sur ce que l'on fait déjà trop produire à la terre ;
et s'il arrive une mauvaise année, comme celle de
1816 à 1817, qui fut une disette en France, on l'at-
tribue, sans hésiter, à des complots de malveil-

lance, à de prétendus accaparemens ; comme, dans le 14e. siècle, les *Jacques bons hommes* s'en prenaient aux nobles des fléaux de la terre, lorsque les Templiers n'y furent plus ; et les nobles s'en prenaient aux juifs : il semblait que l'on cherchât partout des victimes en holocauste pour apaiser le courroux du ciel. «Un procès-verbal du 31 janvier » 1349 , à Fribourg en Brisgau, constate que tous » les juifs de cette ville y ont été brûlés le vendredi » avant la Chandeleur; cette pièce raconte pourquoi, » et comment l'un d'eux a avoué qu'il avait empoi- » sonné les eaux de la ville , et d'autres prétendues » révélations forcées par la torture. »

Nos progrès actuels, dont nous sommes fiers parce que nous y travaillons tous suivant les facultés qui nous furent données; viennent de plus haut ; c'est de l'augmentation de la population : car, évidemment, plus il y a de concurrens pour un travail, plus on perfectionne l'ouvrage. Or, les lois ni le génie ne peuvent que fort peu de chose en population ; le temps de son retour progressif était venu ; ses bornes d'où elle rebroussera sont déjà posées au loin par quelque siècle contraire que l'avenir amène, si l'on en juge par le passé. C'est là un premier fait que l'on ne peut nier pour ce qui est des siècles écoulés, et sur lequel, par conséquent, on peut compter pour les siècles à venir comme étant une des lois de notre sphère.

Un second fait que l'on commence à peine à con- sidérer, c'est l'augmentation de *la vie moyenne* en

Europe depuis la même époque du 14ᵉ au 15ᵉ siècle, c'est-à-dire que sur un nombre donné de naissances la quantité d'individus qui atteignent l'*âge d'homme* va en augmentant. Ce phénomène a commencé avec celui de l'augmentation de la population, ou plutôt il la précède, il est son principal agent, sa cause première et son soutien sans lequel la progression actuelle en Europe n'aurait pas lieu : en effet, l'augmentation n'est pas dans le nombre des mariages relativement à la population, car il est de toute nécessité que les mariages soient plus tardifs, et que le rapport des célibataires aille en augmentant avec les difficultés que présente aux besoins de la vie une population accumulée. Des recherches faites par divers auteurs montrent qu'en Europe le nombre moyen annuel des mariages était, vers l'an 1600 , d'un sur 86 indiv. de pop.

en 1750 , un sur 120.

En France , { en 1780 , un sur 113, suiv. M. Neker. { en 1827 , un sur 132 , suiv. la Statistique officielle.

L'augmentation actuelle de la population n'est pas non plus dans le nombre des enfans de chaque mariage ; ce rapport doit aussi décroître par la même difficulté que nous venons de signaler, celle des besoins de la vie. On compte maintenant en France, pour dix mariages, un nombre moyen de 38 à 39 enfans ; ajoutant le nombre d'enfans naturels, un sur

13 (1), le total moyen des naissances revient à 41 ou 42 pour dix mariages.

Le nombre moyen des naissances annuelles, comparativement à la population, était en France, au milieu du siècle dernier, d'un pour 26 de population existante ; il est en 1827 d'un pour 31 à 32 : c'est une diminution relative.

Ces différens rapports par lesquels on peut calculer la population sont variables ; mais toujours ils diminuent lorsque la population augmente ; ils varient dans un sens inverse à elle. Cependant voici un autre rapport, celui des naissances aux décès, qui est variable aussi, mais dont la variation *directe* constitue celle de la population ; on le comprend aisément : par exemple, sur 10 naissances on ne compte actuellement en France que 8 décès : l'augmentation annuelle de la population est donc égale au 5e. des naissances. Pour produire cette augmentation, les naissances n'arrivent point en plus grand

(1) Dans les grandes villes la proportion est énorme : à Paris, sur trois naissances on en peut compter une en dehors du mariage, sauf qu'à peu près un quart de ces enfans naturels est ensuite reconnu. Le rapport de ces enfans abandonnés paraît avoir été encore plus grand, et avoir diminué, au moins depuis 60 ans, ainsi qu'on en peut juger par le relevé ci-après des *Recherches statistiques* sur la ville de Paris, publiées en 1823 et années suivantes, par M. de Chabrol, préfet.

Total des naissances.	Enfans trouvés.
pendant 9 ans de 1772 à 1780. } 179,662.	78,727. C'est 10 sur 22 à 23 nais.
pendant 9 ans de 1820 à 1828. } 251,406,	68,940. C'est 10 sur 36 à 37.

nombre relativement à la population existante ; mais cette population fait ses pertes dans une moindre proportion : voilà comment la *vie moyenne* est augmentée, elle conduit plus amplement à l'*âge d'homme :* les mariages sont plus tardifs , ils produisent moins d'enfans ; mais la vie se soutient mieux parmi eux; les grands-pères assistent aux noces de leurs petits-enfans, qui, de leur côté, échappent en plus grand nombre à la mortalité des premiers âges : c'est ainsi que la famille devient de plus en plus nombreuse [1]. Les jeunes gens ne se plaindront pas du retard de l'hérédité à laquelle ils sont appelés ; ils en jouiront plus long-temps à leur tour. Cet état de choses a amené dans le fait et consacré dans l'opinion la suppression du droit d'aînesse , attendu que ses causes ne se font plus sentir au même degré. Il fut créé sans doute pour prévenir le morcellement

[1] Le nombre des mariages qui parviennent à leur 50e. année est devenu plus grand qu'on ne le croirait.

Le 13 avril 1830, à Augy, canton d'Auxerre, on a célébré deux anniversaires de mariages à leur 50e. année ; les quatre époux ont ensemble 322 ans.

Il y a environ 15 ans, dans une commune voisine, une semblable cérémonie eut lieu : le curé et les quatre témoins du mariage se sont tous retrouvés, après 50 ans, pour la 2e. bénédiction des époux. (*Gazette de France* du 21 avril 1830.)

A l'hospice des ménages, à Paris , il s'est trouvé un jour 25 ménages, ou 50 époux qui ont justifié de 50 années d'union, et ont eu part, à ce titre, à un acte de bienfaisance de M. Coquebert de Montbret, qui célébrait le 50e. anniversaire de son mariage : chacun de ces ménages en a reçu 25 fr. (Journal *le Temps*, du 21 avril 1830.)

des héritages dans les siècles où la population consistait plus en enfans et en adolescens qu'en hommes faits. L'aînesse fut aussi comme un protectorat pour les plus jeunes au décès des pères qui vivaient alors moins long-temps, et ne voyaient parvenir qu'à peine un de leurs enfans à la majorité. Maintenant, ne comptant pas sur de prompts héritages, la jeunesse des classes élevées est devenue plus studieuse; elle y gagne en considération et en jouissances plus épurées; ce sont des trésors d'intelligence qu'elle amasse et qui lui fructifieront dans les carrières utiles : il est bon et convenable d'être des hommes avant d'être des héritiers. Déjà les jeunes gens sont là qui sollicitent de pouvoir monter à la tribune nationale; je doute qu'elle leur soit ouverte : leur zèle est pourtant louable et ne manque pas d'autres succès : ils promettent un grand poids dans la balance des grands intérêts; ils ne pourraient faire moins sans dégénérer.

Je vais présenter aux différens âges leurs rapports numériques, leurs forces respectives; ce sera définir la proportion suivant laquelle chacun des âges concourt aux affaires et à l'œuvre de la civilisation. Là se présentera un troisième phénomène, en ce que si la durée de la vie moyenne varie dans une suite de siècles, comme je l'ai dit, le rapport numérique des âges supérieurs, et, par conséquent, leur influence, reçoit presque toute la variation en plus ou en moins : on verra quelles importantes conséquences en résultent.

On sait que toutes les tables de la durée moyenne de la vie, et celle de sa probabilité pour chaque âge, sont à refaire. Un tel ouvrage est d'un intérêt assez important pour mériter les soins du bureau des longitudes qui néanmoins s'est borné jusqu'à présent sur ce sujet, à répéter annuellement depuis plus de vingt ans les tables de M. Duvillard dont les élémens arriérés de plus d'un demi-siècle ne sont plus applicables au temps présent : l'Annuaire y ajoute seulement un relevé annuel des naissances, des mariages et des décès : il lui reste à donner un relevé des nombres dont se composent les divers âges de la population actuelle, en distinguant aussi chacun des deux sexes. Plusieurs recensemens de la population ont été faits en France et dans la plupart des autres états de l'Europe depuis l'an 1800 jusqu'à ce jour; ils devraient fournir des indications suffisantes pour former des tables nouvelles à la manière de celles de M. Duvillard, sinon il faudra les demander à des recensemens nouveaux. En dépouillant les recensemens, jusqu'à présent on ne s'est guères attaché qu'à rechercher l'augmentation de la population; c'est-à-dire l'excédant des naissances sur les décès par année; cet excédant est en France, comme nous l'avons dit, égal au 5ᵉ ou 20 p. o/o des naissances, lesquelles étant dans nos limites actuelles de près d'un million par an, l'augmentation annuelle de notre population est à peu près 200 mille individus : la proportion est bien plus grande au nord de l'Europe : elle a été reconnue par la commission de statistique en Suède, de 36 p. o/o en terme moyen des cinq ans écoulés de 1816 à 1820, et de 62 p. o/o dans la moyenne des cinq années suivantes, s'il faut en croire ce que l'on en rapporte.

On compte 8 centenaires par deux mille décès près du Volga, dans le diocèse russe de Faratof (royaume d'Astrakan), par latit. 52° *nord*, longit. 47 *est*, en général 3 centenaires par deux mille décès dans la Russie orientale.

Un seulement par même nombre en Suède; et encore beaucoup moins en France, où cinq mille décès présentent à peine un centenaire.

En Russie, la population s'est doublée dans l'espace de cinquante ans; en Irlande, elle a d'abord quadruplé en un siècle, depuis 1700 à 1800, et elle continue presque sur le même pied. L'Angleterre prend aussi le pas de vitesse sur nous; les parties méridionales de l'Europe sont les plus en retard; ce mouvement d'accélération vient du *nord* au *sud* et de *l'est* à *l'ouest*.

Dira-t-on que ces progrès en population sont dus à ceux de la civilisation? ce serait mettre aux derniers rangs les états qui sont en tête du mouvement intellectuel? ce serait dire que l'Irlande est le foyer des lumières de l'Ecosse et de l'Angleterre; et que les 40 à 50 millions de serfs de la Russie d'Europe et d'Asie sont nos maîtres ès-arts. Les flots des hommes du nord ont plusieurs fois inondé l'Europe; mais toujours la civilisation a rétrogradé devant eux; l'Europe doit peut-être encore craindre leurs inva-

(28)

sions; elle n'eut jamais rien à gagner en amélio-
rations de leur contact. On ne fera pas ce reproche
aux invasions des Français. Ce n'est pas que la
Russie ne soit dans un état progressif sous tous les
rapports, mais c'est surtout sous celui de la population, et c'est à ce progrès en nombre qu'elle doit
tous les autres. Cette condition de progression est
commune à tous les peuples, elle est seulement plus
facile à reconnaître comme cause première là où elle
devance plus largement ses produits.

Revenons à examiner ce qui arrive de variation
dans les rapports des différens âges, et, par conséquent, dans le caractère moral de leur ensemble,
par l'accroissement de la population tel que nous
l'avons défini. Voici les rapports de la population en
France à différentes époques depuis 50 ans; c'est la
période de temps la mieux connue en statistique;
l'Annuaire du Bureau des longitudes, où nous trouvons ces rapports, pourrait à l'avenir fournir les
autres données qui y manquent.

En France, en	1780	1803	1817 à 1826
Rap. de la pop. aux nais.	25 à 26	28	31 5 dix^e
aux décès	,,	31	39 3
aux mariages	,,	132	132 6
Nomb. de n. p. 10 mar.	,,	47	42 ,,

Les naissances sont aux décès comme 10 est à 8.

Il est à remarquer, sur ce tableau, que le rapport de la population aux naissances annuelles a
varié, depuis un demi-siècle, dans la proportion de

25 à 31 1/2, c'est-à-dire de près d'un quart. Telle est la variation en faveur de la vie; en sorte que si la durée de la vie moyenne au-dessus de l'âge de 4 à 5 ans était de 43 ans au temps qui a précédé celui-ci d'un demi-siècle, l'âge moyen des personnes actuellement vivantes au-dessus de l'âge de quatre ans doit être de plus de cinquante ans.

La vie moyenne, l'âge commun, est la moyenne prise entre tous les âges vivans à une époque donnée, ce qui est différent de la probabilité de l'avenir de chaque âge.

A Genève, au 16ᵉ siècle, la probabilité de vie (l'âge auquel parviennent la moitié de ceux qui naissent) n'était qu'à peine de cinq ans, et la vie moyenne d'environ dix-huit ans et demi, voici l'augmentation que l'on a reconnue.

	Probabilité à la naissance.		Vie moyenne.		
	Ans.	Centièmes.	Ans.	Centièmes.	
Dans le 16ᵉ siècle	4	90	18	51	
17ᵉ	11	60	23	25	(1)
18ᵉ	27	18	32	20	
A Gênes, de 1761 à 1800			33	7	
— de 1801 à 1804			38	6	(2)
— de 1815 à 1826			38	10	

Le pasteur Muret, cité par Malthus, a trouvé en différens pays des Alpes et du Jura les rapports suivans dans le milieu du 18ᵉ siècle :

(I) Voyez un Mémoire de M. le professeur Odier dans la bibliothèque Britannique, tome IV, page 328.

(2) *Journal des Débats*, 5 octobre 1828.

	Probabilité de la vie. Age auquel parviennent la moitié des enfans.	Vie moyenne. Age moyen. Age commun.
Pays de Vaud, dans 7 villes	37 ans	36 ans
id. dans 36 villages	42	37
id. des Alpes, dans 9 paroisses	47	40
id. du Jura, dans 7 paroisses	42	38
12 paroisses à culture de grains	40	37
18 *id.* au centre de grands vignob.	37	34
6 mêlées de vignes et de collines	36	34
Une paroisse marécageuse	24	29

Le temps est venu de faire des recherches formelles sur l'état de la population. Nous trouvons dans un ouvrage récent *sur les sociétés modernes*(1)un Tableau comparatif de quatre pays, dont le premier, la province de Vermont des États-Unis d'Amérique, est au période d'une population commençante, et représente, par conséquent, l'état où était la population de la France et de l'Europe au 15ᵉ siècle, époque de sa renaissance : nous suppléerons ainsi au défaut de statistique de notre population de cette époque : mettons en regard, à l'aide du même auteur, l'Angleterre en 1820, la France en 1826, et le département du Calvados, un des plus fertiles et des mieux cultivés de France ; ce sera représenter les différens degrés de l'échelle de progression de la population : j'y intercalerai l'état de la France vers la fin du

(I) De l'action du clergé dans les sociétés modernes, par M. Robillon ; *Revue française* , mai 1829.

18ᵉ siècle; nous aurons ainsi le tableau de nos variations successives durant quatre siècles.

	Province de Vermont en 1826. (*)	Anglet. sans l'Écosse ni l'Irlande, en 1820.	France.		Départ. du Calvados en 1826.
			en 1807.	en 1826.	
	ans. m.	ans. m.	ans. m.	ans. m.	ans. m.
Age commun.	17 6	25 9	28	31 6	34 5
Nomb. d'enfans par 10 mariages.	62	45	47	38	26
Nomb. de célib. sur cent personnes de 20 ans et au-dess.	10	12		40	55

TABLEAU DES AGES QUI COMPOSENT LA POPULATION.

	Nombres par mille.				
	Vermont	Anglet.	France.		Départ. du Calvados
			1760	1826	
Enfans adolesc, jusqu'à 20 ans.	697	489	403	357	322
Virilité de 20 ans à 40...	212	276	304	311	285
Maturité de 40 à 60.....	68	159	205	224	234
Vieillesse au-des. de 60 ans.	23	76	88	108	159
	1000	1000	1000	1000	1000

(*) Telle fut l'Europe vers l'an 1450.

Entre les rapports nombreux et importans que présentent ces tableaux, le plus grave, dans la question qui nous occupe, est que dans la progression actuelle de la population la proportion du nombre augmente en faveur des âges supérieurs de l'un à l'autre : cette augmentation consiste en ce que sur un nombre donné, comme celui de mille, de population, la quantité de ceux qui atteignent l'âge d'homme ou qui en approchent, est devenue plus grande. Les pays où la vie est courte ont la plus grande partie de leur population dans les âges de l'enfance et de l'adolescence (au-dessous de 20 ans); ainsi, la durée de l'âge commun n'étant, dans la province du Vermont d'Amérique, que la moitié de ce qu'elle est dans le département français du Calvados, la province de Vermont a les sept dixièmes de sa population dans les âges qui ne passent pas vingt ans; tandis que ces âges ne sont guères que les trois dixièmes de la population du Calvados. La différence qui en résulte dans les nombres dont se composent les âges supérieurs se fait moins sentir dans la classe de 20 à 40 que dans toute autre; elle se porte principalement en faveur des deux classes de l'âge mûr et de la vieillesse.

Or, il est certain, par les témoignages de l'histoire, que la durée de la vie moyenne en France et en Europe a été fort inférieure à ce qu'elle est maintenant; aussi, l'âge de majorité fut-il fixé à 14 ans pour les rois de France, par Charles V, l'an 374. L'humanité fut rajeunie en Europe, parce que la population renaissante se trouva renouvelée sur d'autres proportions qui ont dû être semblables à celles de la population actuellement naissante des colonies d'Amérique.

Alors le nombre des âges de 20 à 40 ans était, relativement au nombre des âges supérieurs, comme 212 est à 91, c'est à peu près comme 7 est à 3 ; au lieu que maintenant en France le rapport est comme 285 est à 393, ou comme 7 est à 10. (*V. le Tableau*).

Quel énorme changement s'est opéré dans les rapports des nombres des différens âges! La prépondérance est passée du côté des âges supérieurs à 40 ans ; le rapport de ces âges est devenu triple de ce qu'il était dans le 15e. siècle. Faut-il s'étonner si, avec une variation si grande dans les élémens qui composent la société, la physionomie sociale a pris un aspect si différent de celui qu'elle a présenté à la fin du moyen âge! La différence n'est pas moindre que celle qui se trouve entre l'âge mûr et l'adolescence. Voici les conséquences qui se présentent d'elles-mêmes : l'âge supérieur à 40 ans, outre qu'il possède nécessairement l'instruction enseignée aux âges de la jeunesse, possède de plus les lumières de la méditation et de l'expérience, sans lesquelles les illusions sont si dangereuses : il existe comme deux êtres dans l'homme : l'être des passions, qui dédaigne les lenteurs de la réflexion, qui veut agir d'instinct individuel et aveugle ; et l'être pensant, qui soumet la volonté impérieuse des désirs, l'impulsion des sens aux lumières d'une conscience

3

éprouvée et d'une raison affermie. Le premier être
domine sans contredit dans la jeunesse, et lutte encore dans la virilité ; le second s'affranchit péni-
blement de ces trompeuses séductions à mesure qu'il
avance vers l'âge mûr. Cet âge est en possession, plus
qu'un autre, des différentes sortes d'indépendances,
tant par la consistance acquise dans la société que
par une connaissance plus vraie du bien et du mal.

Maintenant, concluez : les indications que j'ai
présentées peuvent suffire sans être développées
davantage, pour que vous y trouviez facilement la
solution de la question que j'ai posée, *de l'influence
exercée sur l'état de la société , par la survenance
continue des générations successives.*

Remarquez que la révolution anglaise, qui a précédé
l'explosion de la nôtre de plus d'un siècle, s'est faite
dans un temps où les âges de 20 à 40 ans occupaient les
deux tiers de l'arène politique , puisqu'ils étaient en
nombre double des âges supérieurs ; et que la révolution française, imminente dans tout le 18e. siècle ,
a éclaté sur la limite des temps qui donnent lieu à
de pareils mouvemens ; c'est-à-dire peu de temps
avant que les âges de tendance opposée ne par-
vinssent à l'équilibre. Représentez-vous ce qui arri-
verait si les chances de durée de la vie rebroussaient
leur chemin pour revenir à leur point de départ , tel
qu'il fut au 14e. siècle : dans ce cas l'humanité
aurait à subir inévitablement autant de secousses
qu'en ont produit pendant les quatre à cinq der-

niers siècles les phases de prédominance successive des différens âges , depuis celui de la première jeunesse jusqu'à celui de l'âge mûr. Cette décadence se ferait sentir par une versatilité mobile d'opinions et une tendance à la révolte : la société passerait, en reculant, par la fronde, la ligue, la guerre du bien public , expressions successives des différens degrés de jeunesse dominans chez les gens de cour; puis reparaîtraient les maillotins, les révoltes des paysans, la guerre des *Jacques bons hommes ;* ces derniers degrés de la civilisation retombant dans l'enfance et l'ignorance, sont ceux d'un état de ruine et de malaise extrême, dont le principal symptôme est la dépopulation par défaut de durée de la vie moyenne, mais dont les causes, tenant à une suite de fléaux de la nature , sont au-dessus de la prudence et du pouvoir des hommes.

Heureusement pour nous , les temps passibles de ces désordres ont fait leur cours, et l'on sera assuré qu'ils seront loin de leur retour pendant qu'on verra la civilisation au point où elle est en France , et même dans toute l'Europe , pendant que la vie moyenne continuera de s'accroître; il sera temps de s'en inquiéter lorsqu'on la verra déchoir, ce qui peut et doit même arriver encore; puisque ce cas a existé, il existera. La durée de la vie moyenne n'est à peine qu'à la moitié de son développement , puisqu'elle vient seulement d'atteindre, de nos jours, l'équilibre dont nous avons parlé : il lui a fallu quatre siècles de progression pour en venir là; que l'on imagine, d'après cette mesure, le temps qu'elle pourra employer pour parvenir à son apogée, et pour en descendre, ce qui lui arrivera tôt ou tard; car tel a été le sort de l'humanité depuis qu'elle existe.

Je ne dis pas pour cela qu'elle atteindra de nouveau le grand âge qui fut accordé aux patriarches, comme l'assure la tradition : nos périodes modernes ne fournissent pas de tels exemples; au reste, il est dit aussi quelque part dans la Bible : notre vie dure 70 ans, rarement 80. Mais j'ai voulu montrer que dans certains siècles le nombre proportionnel des hommes qui atteignent l'âge avancé ou même l'âge mûr est beaucoup moindre qu'en d'autres siècles; tel est le sens de *la vie moyenne* dont je parle. Par exemple, sur les 600,000 hommes qui sortirent d'Egypte sous la conduite de Moïse, l'Écriture nous dit qu'il ne s'en trouva que deux qui entrèrent en Chanaan avec les générations nouvelles, après un laps seulement de 40 ans passés dans les vallées de la chaîne du Sinaï.

Nous pouvons facilement reconnaître différentes époques des progrès de l'humanité, qui renaissent à des temps éloignés les uns des autres, quoique nous soyons bornés aux cinquante derniers siècles, au-delà desquels les traditions nous abandonnent. Ce n'est pas remonter bien loin dans les destinées humaines, et cependant combien de variations ont présenté depuis lors leurs situations successives personnifiées dans les peuples qui se trouvaient en première ligne ! L'antiquité a célébré l'éclat de la période écoulée depuis la fondation de Thèbes d'Égypte jusqu'à celle de Memphis ; puis en Assyrie, depuis Salomon jusqu'à Cyrus ; en Grèce, depuis la prise de Troie jusqu'à Périclès ; à Rome , depuis Numa jusqu'aux guerres puniques : l'Europe enfin eut un retour de ces siècles héroïques depuis Charlemagne jusqu'à saint Louis. On sait aussi que des ombres profondes ont été portées par des siècles de calamités et de décadence dans les intervalles de ces lueurs de prospérité croissante. Et pourquoi la tradition des périodes nombreuses qui se sont écoulées auparavant sur les peuples dont les traces sont encore empreintes sous la poussière du désert et dans la ruine des siècles , pourquoi leur histoire n'est-elle pas parvenue jusqu'à nous , si ce n'est par des causes de décadence et de destruction plusieurs fois renouvelées et attestées par les débris de ces antiques générations dont quelques contrées sont encore jonchées ?

Tous les progrès de la civilisation paraissent extrêmement rapides dans les premiers temps de sa renaissance, parce qu'on les juge par comparaison avec l'état du dernier degré d'abaissement dont ils sortent : comme dans le cours du soleil au-dessus de l'horison, chacun des degrés , à partir de l'aurore , lui donne une progression dont la hauteur diminue de l'un à l'autre ; le mouvement se fait d'abord tout entier en élévation, il plane vers midi ; et le soir il se précipite vers sa chute aussi rapidement qu'il s'est élevé le matin.

L'aurore des temps modernes a commencé de luire

vers l'an 1450 ; et l'on vit, dans le cours d'à peine un demi-siècle qui suivit cette époque, des progrès si rapides qu'on ne peut les expliquer que par les efforts d'un nouveau réveil de la vie, tel que nous l'avons défini. Ces progrès étaient simultanés à ceux d'une population renaissante ; aussi voit-on que la progression de la population est la plus rapide chez les peuples où elle commence ; la Russie en est là : sa population, avons-nous dit, s'est doublée dans les dernières cinquante années, comme celle de France l'a fait de l'an 1450 à l'an 1500. La richesse matérielle s'accroît de même en Russie plus rapidement que dans aucun autre état de l'Europe, parce qu'elle en est à ses premiers élémens, à son adolescence ; elle ralentira son mouvement, comme d'autres font, lorsqu'elle sera plus avancée.

L'Irlande, qui se distingua par quelques sciences au temps de Charlemagne, était bien déchue dans les siècles mauvais puisqu'elle a tant de peine à se relever : sa population en l'an 1700 n'était pas encore la 6e. partie de ce qu'elle est maintenant.

L'Angleterre avec l'Ecosse a vu augmenter sa population d'un tiers en vingt ans depuis 1801 à 1821 ; il paraît que la surabondance de cette augmentation consiste surtout dans une plus grande proportion d'enfans chez les prolétaires, à laquelle a beaucoup coopéré la taxe dont jouissent les pauvres : on en pourra juger par la progression énorme de ce fardeau qui pèse avec la dette publique sur l'Angleterre. La taxe pour les pauvres a plus que décuplé dans les 80 dernières années ; elle était en 1745 de 730,135 liv. sterling ; en 1803 de plus de cinq millions sterl. ; en 1813 de huit millions et demi ; elle a un peu diminué depuis 1820, et elle a été en 1827 de près de huit millions sterl. ou deux cents millions de fr. [1] : joignez à cela qu'en 1828 la dette non rachetée et la dette flottante montaient ensemble à 807,744,338 liv. sterl. (20,193,608,450 fr.) Voilà un des prodigieux effets de la progression en toutes choses.

En résumé, tout ce que nous pouvons savoir des temps passés nous donne à remarquer que le perfectionnement moral de toute nation ; que même les progrès de l'humanité pour tout un continent comme l'Europe, ont été jusqu'ici troublés par des calamités et des fléaux de la nature, versés sur la terre en des siècles qui reviennent de loin en loin entre les autres siècles, comme reviennent les éruptions de certains volcans, mais à des temps qui laissent entr'eux 30 à 40 générations. C'est seulement pendant les siècles d'intervalles favorables à l'existence de la race humaine et à la durée de la vie, que les progrès de l'humanité sont praticables ; et ils retombent et sont

---

1 L'usage est, en Angleterre, de donner des secours à tous les indigens qui sont mariés, jeunes ou vieux, forts ou faibles, dès qu'ils ont trois ou même deux enfans. Les économistes soutiennent que cet usage détruit dans l'esprit du peuple tout principe d'économie et de prévoyance : on a vivement reproché à Malthus le développement de telles pensées, comme si c'était une dureté envers le pauvre de chercher à retarder et à ralentir la propagation de la misère.

périodiquement effacés. Il ne faut donc pas attribuer à certaines générations tout le mérite des temps où les progrès ne sont pas interrompus; chaque âge remplit la mission qui lui est donnée dans l'ordre des temps; les formes suivant lesquelles l'humanité se gouverne reprennent un nouvel élan de variabilité dans les premiers siècles de la progression de la vie moyenne, parce qu'alors les âges au-dessous de la maturité sont en nombre dominant; leur disposition active qui les porte au changement et aux entreprises n'est pas balancée. Le temps de leur prépondérance paraît avoir fini pour la France avec le 18e siècle; et dès lors les institutions de l'ordre qui s'établit avec grande peine en harmonie avec l'équité, et avec le développement des facultés croissantes, doivent y prendre un caractère plus déterminé de durée et de persistance, élémens nécessaires de la perfectibilité que l'expérience produit. La société en France est entrée dans l'âge de la fermeté et de l'expérience : elle s'en aperçoit : j'ai cherché à en découvrir les preuves les plus positives, et à montrer que la statistique devra les fournir complètes et authentiques.

FIN DU DISCOURS.